Widerstand den Affenärschen!
Grundgesetz ade

Hubertus Scheurer

Widerstand den Affenärschen!
Grundgesetz ade

Po-esie

Eine Mischung aus: Enttäuschung, Liebe, Trauer,
Denkfreiheit und Heiterkeit

Bibliografische Information der Deutschen Nationalbibliothek
Die Deutsche Nationalbibliothek verzeichnet diese Publikation in der Deutschen
Nationalbibliografie; detaillierte bibliografische Daten sind im Internet über
http://dnb.d-nb.de abrufbar.

Hubertus Scheurer – Bürger wacht auf!
© Copyright 2010. Alle Rechte beim Autor.
Satz, Coverdesign, Herstellung und Verlag: Books on Demand GmbH, Norderstedt
ISBN: 978-3-8391-5609-4

Informationen über:
www.Hubertus-Scheurer.de

Inhaltsverzeichnis

Vorwort

Bei der Mischung in diesem Buch gehe ich davon aus, daß dem einen oder anderen etwas gefallen könnte. Es ist bestimmt kein Buch für jedermann; ganz im Gegenteil.

Wenn ich mit meinen Versen einige Menschen erreiche, will ich zufrieden sein.

Vielleicht kann ich damit auch ein wenig Interesse an den vorausgegangenen Büchern, die mir im Hinblick auf die gesellschaftlichen Mißstände wichtiger zu sein scheinen, wecken.

(„Sokrates läßt Deutschland grüßen, damit Freiheit atmen kann" „Mir reicht's ! – Deutschland ade" „Bürger wacht auf!")

Jedenfalls habe ich mich im deutschen Staat nicht unterdrücken lassen und mein Mögliches getan, um auf Mißstände hierzulande hinzuweisen.

Hubertus Scheurer

Schlitzrohr

Sie hat solche Geistesblitze
Die Natur, gab ihr die Ritze,
Und dem Mann dafür das Rohr,
Zeigt noch obendrein Humor;

Denn wenn beide, schwer zu fassen,
Daraus auch ihr Wasser lassen,
Zieht's, und das macht durchaus Sinn,
Eines zu dem andern hin.

Mit der Freude am Vergnügen,
Dies tat die Natur so fügen,
Sichert, wirklich allerhand,
Sie der Menschheit Fortbestand.

Manch ein Mann, mit Hodenhalter,
Fällt drauf rein im hohen Alter;
Beim Gedanken an die Ritze
Steigt in ihm sogleich auf Hitze;
Er packt's Rohr, die Samenspritze,
Und hebt ab von seinem Sitze,
Ruft, unglaublich, das ist Spitze !

Die Fortpflanzung

Zuerst trifft man sich beim Tanze,
Danach zieht sie ihn am Schwanze,
Und zum Schluß läuft dann das Ganze
Hinaus auf das Fortgepflanze.

Oftmals mögen sich die beiden
Ein paar Jahre lang gut leiden;
Dann beginnt man sich zu meiden,
Hat genug, und lässt sich scheiden.

So erging es auch der Suse;
Erst faßt' er ihr in die Bluse;
Sie war für ihn seine Muse,
Dann war's aus mit dem Geschmuse.

Trieb statt Lieb'

Er hatte seinen Trieb so lieb,
Daß für die Lieb' nichts übrig blieb;
Nebst zahlreichen Amouren,
Trieb er es auch mit Huren.

Zuweilen trieb er es zu Haus,
Doch viel kam dabei nicht heraus;
Der Zug war abgefahren,
Mit seiner Frau, seit Jahren.

Die Zeit verrann und irgendwann
Sah sie sich das nicht länger an;
Sie hat ihn sitzen lassen;
Da sitzt er, kann's nicht fassen.

Die Metamorphose

König Alfred, der Famose*,
Spürte nichts mehr in der Hose;
Das erfüllte ihn mit Gram,
Bis zum Hof die Meta kam.

Da konnt Alfred die Gewalten
Kaum noch in der Hose halten,
Und im Wandel dergestalt,
Fühlte er sich nicht mehr alt.

So wurd Meta zur Morphose,
Als Produkt von Alfred's Hose,
Oder, das kommt besser hin,
Vom Geschlechtlichen darin.

*Sh.: „Erlebnisse im Hotel mit
König Alfred und seinem
Hanswurst" Bd. I - X

Meta mit der Keule

Alfred's Meta, die Morphose,
Hüpft im Park heut ohne Hose;
Schwingt zwei Keulen ziemlich hastig,
Das ist ihre Frühgymnastik.

Ein Mann von der Polizei,
Hinterm Busch, ist auch dabei;
Doch wie er so gierig spannt,
Hat die Meta ihn erkannt;

Und sie ruft, Herr Polizist,
Wenn er sich nicht gleich verpißt,
Bringt der Schlag mit meiner Keule
An dem Kopf ihm eine Beule.

Der Gendarm war auf der Hut,
Spürte sofort Meta's Wut;
Er hat die Gefahr erkannt
Und ist schleunigst weggerannt.

Nach dem Hochmut kommt der Fall

Alfred, wir sind nicht am Ende,
Reib Dir nicht zu früh die Hände;
Gilt für Dich und überall:
Nach dem Hochmut kommt der Fall.

Du wirst dann mit lautem Knallen
Wieder auf die Nase fallen;
Ist Dein Geldsack noch so prall,
Nach dem Hochmut kommt der Fall.

Die Verleumdung, laß Dir sagen,
Sie wird bittre Früchte tragen;
Ich bin weiterhin am Ball,
Nach dem Hochmut kommt der Fall !

Ein Rechtsgnom

Des Königs Furz, im Hinterhalt,
Ein sogenannter Rechtsanwalt,[1]
Der schießt von dort aus, nach Bedarf,
Verleumderisch mit Worten scharf.

Verknittelt, wie er nun mal ist,
Schreibt er den allergrößten Mist;
Ein Rechtsgnom, der das Recht verdreht,
Nur Paragraphendeutsch versteht.

Und dieser Gnom, er maßt sich an,
Daß er Gedichte lesen kann;
Was rauskommt, ist dann unvermittelt,
Im gleichen Maß wie er verknittelt.[2]

1) „Erlebnisse im Hotel" Bd. IV, S. 83
   „Vom Schnurz zum Furz"

2) „Nur noch für Dich" Bd. I, S. 39
   „Der Brief von Schnurz"

Furz und die Verse

Der Furz mag meine Verse nicht,
Er hat da eine andre Sicht,
Und, daß er sie für schlecht befand,
Freut mich, sonst hätt ich sie verbrannt.

Denn ich werd mich bei den Gedichten
Ganz sicher nicht an ihm ausrichten;
Machte mich andernfalls gemein,
Würd dadurch gleichsam auch zum Schwein.

So aber kann ich weiterschreiben,
Ein Dorn in seinem Auge bleiben;
Zieht er es runter, mein Gedicht,
Dann ist es gut, aus meiner Sicht.

Der alte Sack

Wer kennt ihn nicht, den alten Sack?
In England nennt man ihn Lord Kack,
In Hamburg an der Waterkant,
Geht ihm der Ole gern zur Hand.

Inzwischen ist vom alten Kack
Nun weitestgehend ab der Lack;
Es blieb nicht viel vom schönen Schein,
Poliert die Presse noch so fein,

Beim Anblick von dem alten Sack,
Da bleibt ein schlechter Nachgeschmack;
Wer, so wie er, verleumden kann,
Der ist nun mal kein Ehrenmann.

König Alfred's Schinkenstüb'l

In des Königs Schinkenstüb'l
Stinkt der Schinken richtig übel;
Alfred sagt, der ist erst gut,
Wenn er kräftig stinken tut.

Kürzlich nun ging das daneben,
Jemand hat sich übergeben;
Plötzlich war das Stüb'l leer,
Und der König schimpfte sehr:

Dieser Gast ist unerbeten,
Darf das Haus nicht mehr betreten;
Was mir ganz besonders stinkt,
Ich fühl mich von ihm gelinkt.

Geschmack vom Kack

König Alfred hat Geschmack,
Daraus wuchs der letzte Kack;
Ein Hotel, zwar riesengroß,
Aber schlichtweg einfallslos.

Ähnlich wie der Plattenbau,
Und den mag doch keine Sau;
Dabei war es grad das Schwein,
Das gern kehrte bei ihm ein.

Bräche noch der Umsatz weg,
War dies sicher nicht der Zweck;
Kommt denn Ole noch zum Schmaus
In das ehrenwerte Haus?

Für das Stadtbild, immerhin,
Ist es wahrlich kein Gewinn;
So geht's abwärts mit der Stadt,
Seit sie diesen König hat.

Es gibt noch viel zu tun

Es gibt noch viel zu tun,
Der Bauer kann nicht ruhn,
Sah, daß im Hof der Hahn noch schlief,
Worauf er voller Wut ausrief:

Es gibt noch viel zu tun,
Da sprang der Hahn auf's Huhn,
Verpasste ihm beim kurzen Ritt,
Den altbewährten Hahnentritt.

Darauf gab er es frei,
Das Huhn legte ein Ei,
Und beide konnten nun
Für kurze Zeit ausruhn.

Osterfeier ohne Eier

Zum lieben Gott, Herr Jesus sprach:
Mein Vater, hör nur, welche Schmach,
Daß sogar Priester auf der Erden
An jungen Knaben schuldig werden.

Nimm mal den Papst streng ins Gebet,
Damit ein andrer Wind dort weht;
Statt zu beglücken mit dem Segen,
Sollt er bei Priestern Hand anlegen.

Sie gänzlich von dem Trieb befrein,
Sündhafte Priester selbst entein;
Sonst fällt noch mancher ab vom Glauben,
Wenn Kindern sie die Unschuld rauben;
Und künftig gibt's die Osterfeier
Für sie dann nur noch ohne Eier.

Wie die Raben

Nicht mal unterm Petersdom,
In dem Vatikan von Rom,
Hörn wir, solle sicher sein,
Von St. Petrus das Gebein.

So beginnt man, wie die Raben,
Seine Knochen auszugraben,
Weil der Papst auf seinem Thron
Wittert eine Sensation.

Knochen könnten Aufschluß geben
Über Petrus' Tod und Leben,
So daß hier die Pietät
Gar nicht erst zur Frage steht.

Fehlt nur, daß aus Petrus' Knochen,
Man lässt eine Suppe kochen,
Für den Papst, der sie verspeist,
Einverleibt sich Petrus' Geist.

Der voreilige Vater

Inzwischen kehrte Stille ein
Um Petrus' Knochen, sein Gebein;
Wahrscheinlich wurde offenbar,
Daß es ein grober Fehler war,

Die Ausgrabung von Petrus' Knochen
Als Sensation so hoch zu kochen;
Der Papst war deshalb gut beraten,
Nicht zu verkünden weitere Taten.

Zu wünschen bleibt, daß man vergißt,
Was bisher schon geschehen ist;
Sonst könnten ihn wohl, die ihn kennen,
Den voreiligen Vater nennen.

Den Kindern soll's mal besser gehn

Den Kindern soll's mal besser gehn,
Ein Wunsch, man kann ihn gut verstehn;
Nur wenigen ging's richtig gut,
Mancher verlor den Lebensmut.

Doch wie nur kann das vor sich gehn ?
Wenn die Vergangenheit wir sehn,
Dann hatte diesen Wunsch auch schon
Die vorige Generation.

So wird es sicherlich auf Erden
In Zukunft auch nicht anders werden;
Den Kindern soll's mal besser gehn,
Das kann man wirklich gut verstehn.

Zwei unterschiedliche Personen

Zwei Personen, sehr verschieden,
Haben anfangs sich gemieden;
Doch dann kamen sie sich näher,
Fragten sich, warum nicht eher.

Im Gespräch, geführt beim Wandern,
Lernte einer von dem andern;
Unterschiede wurden kleiner,
Dümmer wurde dabei keiner.

Keine Kritik

Auf die Kritik am Unterricht
Da war der Lehrer nicht erpicht;
Diese konnt er nicht ertragen,
Lag ihm schwer auf seinem Magen.

So schrieb er in mein Zeugnis rein,
Ich sollte schön bescheiden sein
Und Kritisches in meinem Denken
Auf Sacharbeit der Schule lenken.

Wohlwissend, daß, was sachkorrekt,
Niemals den Widerspruch erweckt;
Doch diesen, das war sein Bestreben,
Sollt es fortan auch nicht mehr geben.

Das Zeugnis, fiel dem Lehrer ein,
Würd mir schon eine Lehre sein;
Mir zeigen, es wär zu verwegen,
Sich mit der Lehrkraft anzulegen.

Die Lebensleiter

Hinauf steig ich die Lebensleiter,
Und der Beschiß geht immer weiter;
Doch da ich fast schon oben bin,
Zieh ich daraus sogar Gewinn.

Denn hab das Ende ich erreicht,
Fällt mir der Abgang dadurch leicht;
Wurd ich auch noch so sehr beschissen,
Rein blieb zumindest mein Gewissen.

Für Uwe

Nun schloß sich auch Dein Lebenskreis,
Du starbst, warst lange krank;
Brachtest für Freundschaft den Beweis,
Dafür sag ich Dir Dank.

Ein Künstler, Uwe, der warst Du,
Reistest von Ort zu Ort,
Du kanntest weder Rast noch Ruh',
Im Werk lebst Du nun fort.

Gleichwohl in mir, solang ich bin,
Kann niemand uns entzwein,
Auch Du gabst meinem Leben Sinn,
Wirst nie vergessen sein.

Amud Uwe Millies, 1932 in Hamburg geboren,
studierte an den Hochschulen Hamburg und
Aachen und als Meisterschüler bei dem
Schweizer Maler Erwin Bovien.

Der Grinsemann

Ein Bank-Chef, genannt Grinsemann,
Der noch immer grinsen kann,
Kassiert ab, da mag er grinsen,
Geht die Bank auch in die Binsen.

Stopft sich selbst die Taschen voll,
Erfüllt nicht das Mindestsoll,
Zählt zu jenen Wirtschaftsleuten,
Die hier das System ausbeuten.

Schwafeln von der Marktwirtschaft
Und entziehen ihr den Saft;
Stoßen damit auf die Türen,
Die zur Planmisswirtschaft führen.

Für den Grinsemann da wär
Angemessen das Salair,
Des Portiers vor seinen Banken,
Um für´s Grinsen ihm zu danken.

Grinsemann und Kanzlerin

Grinsemann durft, immerhin,
Auch schon zur Frau Kanzlerin;
Sie wollt sicher seinen Rat,
Ob er da wohl grinsen tat?

Man konnt auf dem Bildschirm sehn,
Wie sie beieinander stehn,
Und der gute Grinsemann
Grinste sie tatsächlich an.

Fehlt nur, er käm raus ganz groß,
Daß er sitzt auf ihrem Schoß,
Macht sich dabei in die Hos',
Dann wär wirklich echt was los.

Weil einmal in diesem Staat
Jeder was zu grinsen hat,
Bis auf die Frau Kanzlerin,
Ihre Freude wär dahin.

Sie säh den Herrn Grinsemann
Wohl mit andern Augen an;
Und so riefe die Frau Merkel:
Grinsemann, Sie sind ein Ferkel!

Die Ferkelei

Hier ein Ferkel, dort ein Ferkel;
In der Mitte die Frau Merkel,
Die stets lächelnd und ganz leicht
Über deren Rücken streicht.

Viele Ferkel sind dabei
Aus Verwaltung, der Partei,
Aus der Wirtschaft und Verbänden,
Die ihr Lob und Beifall spenden,

Wenn sie ihnen Gutes tut,
Zuversicht ausstrahlt, zeigt Mut,
Und den Rücken hält schön frei,
In dem Land der Ferkelei.

Der Elefant

Um einen Elefant zu sehn,
Muß man nicht in den Zirkus gehn;
Mach' eine Faust und schau sie dann
Genau Dir von der Seite an;

Und schon erscheint als Teil der Hand
Mit Rüssel er, der Elefant,
Den er gleich auf und ab bewegt,
Sobald sich nur Dein Finger regt.

Das ist gut so

Herr Wowereit hat uns belehrt,
Daß er mit Männern nur verkehrt;
Zudem auch, daß dies gut so wär,
Ihm beizupflichten, fällt nicht schwer,
Denn er hat recht auf eine Art:
So bleibt sein Nachwuchs uns erspart.

Gefragter Schreiber

Ein gefragter Schreiber ist
Der Bejahungsspezialist*;
Wer's nicht ist, bei dem sollt's Schreiben
Daher besser unterbleiben.

Bloß nicht in die Tiefe gehn,
Nur schön oberflächlich sehn;
Dann kann man mit seinen Gaben
Durchaus auch Erfolge haben.

Schreibt die Welt nur rosarot,
Vordergründig ohne Tod!
Den kann's ohnehin nicht geben
Im gepriesnen ewgen Leben.

*Sh.: Gedicht von Hermann Hesse
„Zu Johannes dem Täufer
sprach Hermann der Säufer"

Kämpfen für Diäten

Schwadronieren wollen sie
Und das Volk vertreten;
In der Bundeshierarchie
Kämpfen für Diäten.

Nicht jedoch beim Militär,
Sein wir doch mal ehrlich,
Dienen bei der Bundeswehr
Ist schon sehr gefährlich.

Deshalb geht kaum einer hin,
Vielleicht jeder Dritte;
Wehrpflicht macht für andre Sinn,
Nach bewährter Sitte.

Recht und Freiheit sollen wir
Als Soldaten schützen;
Gilt bedingt nur, zeigt sich hier,
Für des Staates Stützen.

Mein Hintergrund

Manch einer will im Blickpunkt stehn,
So, daß ihn möglichst viele sehn;
Er braucht sie, die Bewunderung,
Denn sie verleiht ihm erst den Schwung.

In diese Welt paß ich nicht rein,
Mag das Zurückgezogensein;
Geb zwar auch meine Meinung kund,
Doch lieber aus dem Hintergrund.

Rechtsvertraun

In die deutsche Unrechtssprechung
Lernte ich zu schaun,
Beinah ohne Unterbrechung,
Mit sehr viel Vertraun.

Das ist recht so, würd ich sagen,
Zieh daraus Gewinn,
Durch die Einsicht, daß das Klagen
Macht nur selten Sinn.

Trau nicht der Polizei!

Vertrau der Polizei,
Damit ist es vorbei !
Wie sie sich hat benommen,
Erscheint sie mir verkommen.

Vom Staate bedacht,
Mit Mitteln der Macht,
Fühlt sie Wohlbehagen
Vom Kleingeist getragen.

Nicht Anstand noch Scham,
Wie sie sich benahm,
Da muß ich bekennen,
Daß Welten uns trennen.

Polizeieunuchen

Polizei im Lügenbrei,
Kennt die Wahrheit, bleibt dabei,
Daß den Brei sie weiter schleckt,
Weil die Wahrheit ihr nicht schmeckt.

Diesen Polizeieunuchen
Backe ich noch manchen Kuchen;
Und, wenn sie sich dran verschlucken,
Soll mich das nicht weiter jucken.

Die bürgernahe Polizei

Als bei uns in Intervallen
Frauen wurden überfallen,[1]
Hab ich abends patrouilliert,
Damit das nicht mehr passiert.

Übernahm, ich war so frei,
Aufgaben der Polizei;
Die hat besseres zu tun,
Muß um diese Zeit längst ruhn.

Früh am Morgen, auf der Tour,
Wenn ich dann zur Arbeit fuhr,
War sie auf den Nebenwegen
Allerdings bereits zugegen.

Schrieb und schrieb Falschparker auf,
Denn die gab es dort zuhauf;
Überflüssig, doch in Masse,
Machte sie so reichlich Kasse.

In dem Hauptverkehr der Stau
Interessierte keine Sau,
So wie Raub und Überfall,
Da schlief sie, war nicht am Ball;

Faselt, sie sei bürgernah,
Braucht man sie, ist sie nicht da,
Und statt dankbar mir zu sein,
Pißt sie mir auch noch ans Bein.[2]

1) *Sh.: „Bürger wacht auf!" Seite 13*
2) *Sh.: „Bürger wacht auf!"*

Einfach wunderbar!

Von mir würd Gefahr ausgehen
Durch mein Luftgewehr;
Deshalb müßt es, so gesehen,
Schnell aus dem Verkehr;

Schrieben mir die Ordnungshüter,
Unsre Polizei;
Das erhitzt nun die Gemüter,
Sie kam erst vorbei,

Um es in Empfang zu nehmen,
Nach fast einem Jahr;
Sollte sich doch wirklich schämen,
Denn eins ist doch klar :

Sie hat wieder mal geschlafen,
Trotz der drohenden Gefahr;
Dafür gibt es keine Strafen,
Einfach wunderbar !

Was für Penner

Das ist wirklich allerhand,
Was dort in der Zeitung stand ,[1.)]
Über Luftgewehr und Tauben,
Nun, es ist doch kaum zu glauben.

Wer dies schwarz auf weiß gern hätt',
Lese nach im Internet :
500 EURO , mit Verlaube,
Preis für eine tote Taube,

Die von einem Zeitgenossen
Wurd im Garten abgeschossen.
Schießen mit dem Luftgewehr
Darf er weiter, bitte sehr.

Ich hab Tauben nur vertrieben,
Wie in meinem Buch beschrieben;[2.)]
Schert die Polizei 'nen Dreck,
Nahm das Luftgewehr mir weg.

Um ihr Vorgehn noch zu krönen,
Mußte ich zur Strafe löhnen;[3.)]
Staatsanwalt- und Richterschaft
Zeigten ihre Urteilskraft.

War denn allen unbekannt,
Was schon in der Zeitung stand?
Ich frag, was sind das für Penner,
Wer bringt dies auf einen Nenner?

1.) Archiv „Berliner Zeitung"
2.) „Bürger wacht auf!"
3.) EURO 6.500,--

Die Polizistenabwehrstange

Um die Tauben zu vertreiben,
Die im Garten treu mir bleiben,
Hab ich nun ein Eisenrohr
Und verschreck sie wie zuvor.

Da sah mich ein Polizist,
Fragte mich, was das wohl ist,
Weil das Rohr in meiner Hand,
Er doch sehr befremdlich fand.

Ich sprach: Das ist meine lange
Polizistenabwehrstange;
Er machte auf dem Absatz kehrt;
Die Stange, ja, sie ist was wert.

Der erleichterte Popo

Eine Farce war bei Gericht
Die Verhandlung und mehr nicht,
Die im „Bürger wacht auf!" – Band
Mit „Genug" den Abschluß fand.*

Ich erwähnte nicht dabei,
Daß auch hier die Polizei
Wieder einmal war vor Ort
Und sich meldete zu Wort.

Ein Mann, fett wie eine Sau,
Imitierte Schweinchen-Schlau;
Doch von Logik keine Spur,
Wieder mal Gefasel nur.

Damit schließ ich, gehe nicht
Mit der Dummheit ins Gericht;
In der Dummheit mag den Sinn
Finden die Frau Richterin.

Ich hingegen faß es so:
Was er sprach, hat das Niveau
Einer Brille auf dem Klo;
Wo der Durchlauf macht nur froh
Den erleichterten Popo.

*Sh.: „Bürger wacht auf!" S. 104

Grundgesetz ade

Es scheint mir fast als müsst ich mich,
So wie zu Adolfs Tagen;
Und das war wirklich fürchterlich,
Mit der Justiz abplagen.

Sie urteilt, wie es ihr gefällt
Und fühlt sich, wenn sie richtet,
Dem, was das Grundgesetz enthält,
Schon gar nicht mehr verpflichtet.

Da kann ich wirklich dankbar sein;
Die Macht in ihren Händen,
Ich würd, sie ist vergleichbar klein,
Sonst im KZ wohl enden.

Freie Meinungsäußerung

Was ich fühle, was ich denke,
Pfleg ich offen auszudrücken;
Sei's drum, daß ich jemand kränke,
Red nicht hinter seinem Rücken.

Gilt für die, die Recht verdrehen,
Menschen, welche Macht ausüben,
Hoch über den andern stehen,
Fischen dabei dann im Trüben.

Ihnen werd, zum Unbehagen,
Will ich vor mir selbst bestehen,
Deutlich ich die Meinung sagen,
Gleich, was mag mit mir geschehen.

Frau Regierungsoberrat

Frau Regierungsoberrat
Aus dem Umweltdezernat,
Sollte, denkt man allgemein,
Vorbild für die Umwelt sein.

Doch da hat man weit gefehlt,
Weil ihr eignes Ich nur zählt;
Wenn ihr was Vergnügen macht,
Bleibt die Umwelt außer acht.

Dann lärmt sie auch in der Nacht,[1]
Ja, sie hat es weit gebracht;
Leitet selbst die Revision
Für das Umweltamt, welch Hohn.

So wurd als ein Denunziant [2]
Ihres Nachbarn sie bekannt,
Weil, wenn diese Frau nur pfeift,
Polizei Partei ergreift.

Es wurd nicht geprüft, oh nein,
Schuldig muß der Nachbar sein;
Stets galt doch in diesem Land,
Eine wäscht die andre Hand.

Frau Regierungsoberrat,
Sie hat wirklich das Format
Einer Waschfrau, die genießt,
Wenn die Umwelt sie vermiest.

1) Sh.: "Nur noch für Dich" Band I,
S. 25 „Frau Richterin"

2) Sh.: „Bürger wacht auf" S. 20,
„Denunziant im tauben Land"

Der Freiheit Flamme

Heut bin ich nach Geesthacht gefahren,
Gedacht' des Sängers*, der vor Jahren,
Als noch die Todesmauer stand,
Rief zum Protest in Westdeutschland.

Für Freiheit hat er laut gesungen
Bis die Mauer war bezwungen,
Und so das zweigeteilte Land
Doch noch zurück zur Einheit fand.

Ich kam vorbei an Neuengamme;
Mich schauderte, der Freiheit Flamme,
Sie flackerte, schien mir so klein,
Als stellt' sie bald ihr Leuchten ein.

Die Freiheit preist man allerorten
In Sonntagsreden, schönen Worten,
Im Gegensatz zur Wirklichkeit,
Die wenig Freiheit hält bereit.

Da sind es unsre Obrigkeiten,
Die stetig ihre Macht ausweiten,
Und wenn der Bürger sich nicht bückt,
Wird er entrechtet, unterdrückt.

*Gerd Knesel, verstorben am 19. Mai 1992

Auschwitz*

Vergeßt sie nicht, vergeßt sie nicht,
Die HOLOCAUSTS der Welt;
Von Schuld frei ist wohl nur ein Mensch,
Der mutig sich dagegen stellt.

Wir dürfen nicht verdrängen,
Als gäb es Auschwitz nicht,
Der Wille zum Erkennen,
Er ist der Weg zum Licht.

Auschwitz, jenseits vom Verstehen,
Unfaßbare Wirklichkeit,
Wär sie dadurch ungeschehen,
Gern ständ ich dem Tod bereit.

Auschwitz, einer dieser Orte
Völkermord und Barbarei,
Zu bescheiden bleiben Worte,
Doch wer hört der Toten Schrei.

Auschwitz, aller Menschen Bürde,
Klagt die ganze Menschheit an,
Nahm der Mensch dem Mensch die Würde,
Diese Tat trifft jedermann.

Auschwitz, immer wieder denken,
Uns in seinen Opfern sehn,
Sollte jeden Menschen lenken,
Nie ein Auschwitz neu entstehn.

Vergeßt sie nicht, vergeßt sie nicht,
Die HOLOCAUSTS der Welt;
Von Schuld frei ist wohl nur ein Mensch,
Der mutig sich dagegen stellt.

Wir dürfen nicht verdrängen,
Als gäb es Auschwitz nicht,
Der Wille zum Erkennen,
Er ist der Weg zum Licht.

Auschwitz, immer wieder denken,
Uns in seinen Opfern sehn,
Sollte jeden Menschen lenken,
Nie ein Auschwitz neu entstehn.

*Auf der Doppel-CD »Einem Aufrechten zum
Gedenken« singt
Gerd Knesel (gestorben am 19. Mai 1992) diesen Text.
CD (mit 28 Liedern) erhältlich bei
D. Knesel, 21502 Geesthacht,
Hans-Mayer-Siedlung 32
Tel./Fax: 04152 78866

IG-Schand-Metall

Eine IG-Schand-Metall
Wollt' mit dreisten Lügen
Bringen den Gerd K. zu Fall
Und die Welt betrügen.

Schreckte nicht davor zurück,
Ausschwitz zu benutzen,
Und damit, ein starkes Stück,
Nazis reinzuputzen.

Schändlich, eine solche Tat,
Sollte ernst man nehmen,
Und ein echter Demokrat
Konnt' sich da nur schämen.

In einem Artikel vom 11.8.1982 der Zeitung
„Metall", Nr.16, wurde berichtet, daß Gerd
Knesel mit seinem Auschwitz-Lied das Ent-
zücken von Jung-und Altnazis erregen würde.

Das wirtschaftliche Grundprinzip

Bei wirtschaftlichem Tun und Denken
Ist angebracht, sich zu beschränken
Auf's Wesentliche, es liegt nah,
Ganz einfach: E sei größer A.

Als Wirtschaftsgrundprinzip bekannt,
Der Vorteil liegt klar auf der Hand,
Wenn man den Aufwand so betreibt,
Daß immer ein Ertrag verbleibt.

Die Grundlage für den Genuß
Ist stets ein solcher Überschuß;
Man sollte denken, das kapiert
Sogar, wer Wirtschaft nicht studiert.

Paragraphenschweine an die Leine

Die deutschen Paragraphenschweine
Nehmt endlich sie mal an die Leine,
Bevor im Land die Schweinepest
Uns keine Luft zum atmen lässt.

Wenn hier die Paragraphenzunft,
Getragen von der Unvernunft,
Mit wahrheitlichem Denken bricht,
Dann wird der Widerstand zur Pflicht.

Das Atmen fällt schon heute schwer,
Die Luft wird immer weniger.
Und irgendwann, dem Volk zum Schaden,
Geht sonst die Freiheit vollends baden.

Jesus und Hubertus

Zwei Engel haben heute Nacht
Ins Jenseits mich zu Gott gebracht;
Da saß er vor mir auf dem Thron
Und sprach: Du wirst mein zweiter Sohn,

Nebst Jesus, der lebt hier im Glück,
Will auf die Erde nicht zurück;
Dafür hab ich Dich ausersehn,
So kann es dort nicht weitergehn;

Mit Mord und Totschlag, Lug und Trug,
Mir reicht's, ich habe längst genug;
Versuch Dein Bestes, hilft es nicht,
Dann halt ich ab ein Strafgericht.

Schlägt man wie Jesus Dich ans Kreuz,
Ich sage Dir, die Welt bereut's;
Du kommst zu uns, wirst auferstehn,
Auf Erden ein Inferno sehn.

Bedenket Euer Ende

Gott gab es mir im Schlafe,[1]
Daß ich mit Worten strafe,
Was meine Augen sehen
An unrechtem Geschehen.

Denn Recht, es muß Recht bleiben,[2]
Doch was die Richter treiben
Mit mir, das stinkt zum Himmel
Wie Gammelfleisch mit Schimmel.

Bedenket Euer Ende,[3]
Die Botschaft, die ich sende :
Ihr zahlt die Sünden teuer,
Dereinst im Fegefeuer.

Dort wird gerecht gerichtet,
Der böse Geist vernichtet;
Sollt Besserung ich sichten,
Werd ich's dem Herrn berichten.

Sh.: Zu 1) Psalm 127,2 / zu 2) Psalm 94/15
zu 3) Sirach 7,40

Die Welt im argen

Die Welt, sie liegt im argen;[1]
Die Menschheit kaut am kargen,
Am kargen Brot gemeiner Lust;
Johannes hat es schon gewußt.

Doch sie ist so geblieben,
Wie er sie hat beschrieben;
Drum wurd ein Täter ich des Worts,[2]
Verkünde weiter allerorts :

Wacht auf ! Laßt Euch nicht knechten
Im Land von Selbstgerechten;
Die hier aufgrund von Macht und Stand,
Den Bürger drücken an die Wand,

Wenn er sich wagt zu wehren,
Freiheit und Recht zu Ehren;
Die Welt, ich bring sie nicht ins Lot,
Doch kämpf' ich bis zu meinem Tod.

Sh.: Zu 1) Der erste Brief Johannes, Kap. 5,19
zu 2) Jacobus, Kap. 1, 22-23

Vaterland magst unruhig sein!

Lieb Vaterland, wach endlich auf !
Vorbei ist es mit ruhig sein;
Du weißt, in der Geschichte Lauf
Hingst Du am Tropf und gingst fast ein.

Zu viel ging runter schon den Bach;
Heut nützt Dir keine Wacht am Rhein,
Wart' nicht erst auf den nächsten Krach,
Im Innern brodelt es gemein.

Von dort aus wird das Land zerstört,
Das Recht, die Freiheit unterdrückt;
Wenn sich der Bürger nicht empört,
Wird er zum Sklaven, der sich bückt.

Richter richten Recht zugrunde

Wenn die Richter, im Vertrauen,
Nur auf Paragraphen bauen,
Sich allein darauf beschränken,
Nicht befähigt selbst zu denken,

Und gelenkt von Machtinteressen,
Wahrheit keinen Wert beimessen,
Richten sie, das sei die Kunde,
Wieder mal das Recht zugrunde.

Es heißt, das Levitenlesen
Wäre hilfreich schon gewesen,
Vielleicht, unterlegt mit Psalmen,
Bis die Ohren ihnen qualmen.

Dabei scheint es angemessen,
Dies als Trost nicht zu vergessen:
Auch den Richtern, geistig armen,
Wird der Herrgott sich erbarmen,
Wenn sie ehrlich sich verpflichten,
Sich nach seinem Wort zu richten.

Noch eine Chance

Augen haben und nicht sehen,
Ohren haben und nicht hören, *
Daß wir uns nur recht verstehen,
Ich werd Eure Ruhe stören,

Damit Euch ein Licht aufgeht,
Bevor Ihr vor'm Richter steht
Und ein höheres Gericht
Über Euch das Urteil spricht.

Gilt für Menschen, jene kalten,
Die im Dienst der Staatsgewalten
Unrecht mit der Macht entfalten
Und sich für unfehlbar halten.

Nun, verdient habt Ihr es nicht,
Doch ich seh mich in der Pflicht,
Euch noch eine Chance zu geben
Für den Gang ins ew'ge Leben.

*Sh.: Psalm 115;5,6

Die Gehörnten

Mit der Sanftmut wirst Du kaum
Dir im Staat Gehör verschaffen;
Sprach der Herr zu mir im Traum,
Mußt die Zügel kräftig straffen.

Wenn Gericht und Polizei
Sich auch künftig weiter aalen,
Im gemeinen Lügenbrei,
Gieße aus des Zornes Schalen !*

Wer verdammt wird durch den Zorn,
Damit kannst Du was erreichen,
Dem wächst aus der Stirn ein Horn,
Unverwechselbar als Zeichen.

Daran werden sie erkannt;
Haben dann nichts mehr zu lachen,
Denn ein jeder wird im Land
Einen Bogen um sie machen.

*Offenbarung, 16,1

Noch keine Audienz

Den Papst zur Audienz zu lassen,
Nun, das könnte ihm so passen;
Vorerst mög er sich beschränken,
An die Hausaufgaben denken;

Sich nicht länger davor zieren,
Kinderschänder zu kastrieren;
Danach werd ich überdenken,
Ob ihm ist Gehör zu schenken.

Doch ich kann ihm jetzt schon sagen,
Prunksucht will mir nicht behagen,
Und in Massen Geld zu horten,
Widerspricht auch Jesus' Worten.

Da ist manches zu bewegen,
Bis ihm wird zuteil mein Segen;
Deshalb sollt' er nicht verzagen,
Wenn wir die Audienz vertagen.

Heiligabendhimmelfahrt

Heiligabend eingeläutet,
Glockenhell, Gesänge zart;
Was für mich sogleich bedeutet,
Eine weitere Himmelfahrt.

Jesus möcht ich gratulieren,
Zum Geburtstag bei ihm sein;
Mit Gott dann Gespräche führen,
Er lud mich ganz herzlich ein.

Gerne würd ich mir versagen
Noch mal eine Erdenfrist,
Doch ich laß ans Kreuz mich schlagen,
Wenn das die Bestimmung ist.

Die Geschlechtslosigkeit der Engel

Weshalb Engel geschlechtslos sind,
Dies lässt sich leicht erklären;
Weil sie auch so, und das geschwind,
Sich jeden Tag vermehren.

Der Nachschub kommt vom Erdball rauf,
Seit Menschen dort bestehen,
Und löst die Menschheit sich nicht auf,
Wird es so weitergehen.

Die Love-Parade

An der Alsterpromenade
Ging vorbei die Love-Parade;
Angeführt vom Bürgermeister,
Weiß ein jeder, Ole heißt er.

Schön wär da doch eine Schule,
Dicht beim Rathaus, nur für Schwule;
Dort fühlt´er sich wie zu Hause,
Täglich in der Mittagspause.

Kämen sie in Schwulitäten,
Könnt er auch mit ihnen beten,
Denn er sagt, bei seinem Werke,
Fänd im Glauben er die Stärke.

Deshalb würden auch Paraden
Auf dem Rathausmarkt nicht schaden,
Zum Bekenntnis freier Triebe
Und dem Glauben an die Liebe.

Auf der Konsole

Obama und Schwulole
Ziern bei mir die Konsole,
Mit Köpfen, fein geschnitzt aus Holz,
Blicken sie in die Runde stolz.

Obama fühlt sich wohl derweil,
Gerade ohne Unterteil;
Sonst hätt er Schwulitäten
Energisch sich verbeten.

Geschlechtslos kann er, voll Vertraun,
So aber zu Schwulole schaun,
Und jeder von den beiden
Mag hier den andern leiden.

Obama und Schwulole

Bis zur Wahl war das ein Drama,
Und wir freun uns auf Obama,
Den inzwischen jeder kennt,
Denn er wurde Präsident.

Doch auch Hamburgs erster Mann
Zeigt, daß er was leisten kann,
Wenn er hier ganz ungeniert
Mit den Homos paradiert.

Ist Obama auch so offen,
Kann man eigentlich nur hoffen,
Daß sich nähern an die Pole
Von Obama und Schwulole.

Der Elefant aus der Mücke

Ein Herr, der ging am Elbestrand
Mit seinem Freunde Hand in Hand,
Vorbei an Teufelsbrücke,
Da stach ihn eine Mücke;

Gerade in sein bestes Teil,
Das fand er ganz und gar nicht geil;
So fing er an zu reiben,
Um's Jucken zu vertreiben.

Doch nun wurd dieses Teil ganz groß,
Es schaute raus aus seiner Hos';
Das sahn zwei alte Tanten,
Die so was noch nicht kannten.

Sie riefen, was fällt ihnen ein,
Lassen Sie das gefälligst sein;
Und dann schrien noch die Tanten:
Sie machen aus der Mücke bloß,
Hier einen Elefanten.

Das Pissgesicht

Stehst Du vorm Klo und schaust hinein,
Erblickst Du Dein Gesicht,
Im Wasser unten, klar und rein,
Doch hältst Du jetzt nicht dicht,

Dann pisst Du mit dem eignen Strahl,
Man glaubt es ja fast nicht,
Ist das denn wirklich noch normal,
Dir selber ins Gesicht.

Gescheiter scheint ein Mensch, der sitzt,
Gemütlich auf dem Klo,
Denn, wenn bei ihm der Strahl aufblitzt,
Dann trifft er nur den Po.

Staatsikone oben ohne

Angela, unsre Staatsikone,
Sieht man fast schon oben ohne;
Weil das Kleid sie rutschen lässt,
Hagelt es sogar Protest.

Wenn der Ole es beäuge,
Von Frau Kanzler das Gesäuge,
Hört man nur noch einen Schrei,
Und er wechselt die Partei.

Vielleicht zeigt ihm Herr Steinmeier
Zur Belohnung seine Eier,
Und gemeinsam, welch ein Coup,
Wird bekämpft die CDU.

Zum Tanze

Ole kennt die guten Sitten,
Und so sprach er: Darf ich bitten,
Sie Frau Kanzlerin zum Tanze;
Gehn Sie aber nicht auf's Ganze.

Ich hab immer sehr gelitten,
Mußt ich sehn der Weiber Titten;
Seither zieh ich vor in Gänze,
Sie verstehn, der Herren Schwänze.

Sein oder Nichtsein

Sein oder Nichtsein, ist die Frage
Im Wahlkampf, wieder alle Tage;
Und dieser Kampf, er steht und fällt
In erster Linie mit dem Geld.

Von Vorteil ist ein Mann wie Ole,
Der nämlich hat den Draht zur Kohle;
Fährt er für die Partei sie ein,
Dann festigt er damit ihr Sein.

Was meint Wowereit?

Ja, Frau Merkel, die ist tüchtig;
Erst macht sie die Männer süchtig,
Zeigt, was sie hat unterm Kleid,
Manche Frau erblaßt vor Neid;

Doch ganz plötzlich, unverdrossen,
Kommt sie wieder hochgeschlossen;
Welch ein Wandel, was das soll,
Frag ich mich, ganz ohne Groll.

Macht sie's der Partei zum Wohle,
Weil sie fürchtet, daß Schwulole,
Orientiert sich anderswo,
Gar in Steimeier's Büro?

Sie hat ihre Wahl getroffen,
Und die Antwort, sie bleibt offen;
Ob der liebe Wowereit
Diesmal wohl auch „gut so" schreit?

Ein Gesäß wie zwei Laib Käs'

Die schlanke Linie, sie ist „in",
Und das macht in der Tat auch Sinn;
Denn wird der Körper nicht bewegt,
Folgt, daß der Geist sich wenig regt.

Dies ist bekannt, und so gesehn,
Kann man die Ablehnung verstehn,
Die manchem, der sich falsch ernährt,
Bei der Bewerbung widerfährt.

Hat der Besagte ein Gesäß,
Gewaltig wie zwei Laibe Käs',
Weiß jeder, daß er zu viel fräß,
Trifft die Entscheidung demgemäß.

Den Spiegel halten

Heut wolln wir einmal der kalten
Richterin den Spiegel halten,
Direkt vor ihr Angesicht;
Hört nun, was der Spiegel spricht:

Ich schau eine arrogante,
Fade Paragraphentante,
Die im Paragraphgeflecht
Eingesponnen sich erfrecht,

Rechtsverständnis zu verdrehen,
Aus dem Urteil auch zu sehen;
Die dem Recht mit ihrem Geist,
Einen schlechten Dienst erweist.

Gehört zu den Rechtsstrategen,
Welche sollt auf Eis man legen,
Um im Land das Rechtsvertraun,
Neu, von Grund her, aufzubaun.

Ins Gefängnis

Ins Gefängnis mich zu schließen,
Sollt man wohl abwägen;
Könnten Öl ins Feuer gießen,
Sonst die Rechtsstrategen.

Was soll ich auch im Gefängnis,
Hinter Gitterstangen?
Bin auch so schon in Bedrängnis,
In mir selbst gefangen.

Um dort wirklich einzudringen,
Müßt man mich erschlagen;
Aus dem Knast, so kann's gelingen,
Meine Leiche tragen.

Eiffe der Bär

Es ist nun schon viele Jahre her,
Da war er bekannt als Eiffe der Bär;
Ein junger Mann über den man lachte,
Der schreibend von sich reden machte.

Eiffe, Eiffe, Eiffe der Bär,
Schreiben kann er heute nicht mehr !

Er schrieb auf Schilder, Wände, Plakate,
Seine Sprüche, Sätze, Zitate;
Und die waren oft recht originell,
Eiffe schrieb, und er schrieb auch noch schnell.

Eiffe, Eiffe, Eiffe der Bär,
Schnell ist er heute wirklich nicht mehr !

Der eine sagte, er ist ein Genie,
Ein andrer meinte, der spinnt und wie;
So kam er in eine Anstalt rein,
Die soll ja so gut zur Besserung sein.

Eiffe, Eiffe, Eiffe der Bär,
So normal wie zuvor war er niemals mehr !

Man fand heraus, der Eiffe ist toll
Und stopfte mit Medikamenten ihn voll;
So hat man ihn ganz gründlich behandelt
Und ihn dabei gleich völlig verwandelt.

Eiffe, Eiffe, Eiffe der Bär,
Der Eiffe von früher war er nicht mehr.

Er saß im Rollstuhl, konnte nicht gehn,
Mit wackelndem Kopf, hatte Mühe beim Stehn;
Mit Schreiben und Sprüchen war es vorbei,
Ein vergiftetes Hirn das ist nicht mehr frei.

Eiffe, Eiffe, Eiffe der Bär,
Denken wie früher kann er nicht mehr !

Er wurde von seinen Helfern zerstört,
Keiner nimmt ihn erst, wenn er sich jetzt wehrt;
Besuchen Sie Eiffe und schaun Sie sich an,
Was man mit einem Menschen machen kann !

Eiffe, Eiffe, Eiffe der Bär,
Ein Bär ist er schon lange nicht mehr !

(Aus der LP „Schattensaiten")

84

Lieber verrecken

Bald hat man die Nase voll,
Dann kommst Du nach Ochsenzoll;[1]
Dort wird man Dein Tun und Denken
In ganz neue Bahnen lenken.

So wurd es, gib nur gut acht,
Mit Freund Eiffe auch gemacht;[2]
Erst wurde sein Hirn vernichtet
Bis er sich hat selbst gerichtet.

Er starb Weihnachten im Moor,
Wo er elendig erfror;
Ja, so löst man die Probleme,
Auch noch heute, auf's Bequeme.

Ähnlich kann es Dir ergehn,
Gab man mir jetzt zu verstehn;
Doch mit Wegsehn und Verstecken
Kann ich keine Bürger wecken;
Da werd lieber ich verrecken.

[1] Irrenanstalt in Hamburg
[2] Sh.:"Eiffe der Bär" aus der
LP„Schattensaiten" von
Gerd Knesel/H. Scheurer

Unverrücktes Gehirn

Zusehends wird die Haut nun welk,
Der Weg führt abwärts, nicht mehr rauf,
Es ächzt gewaltig im Gebälk,
Doch das Gehirn gibt noch nicht auf,

Liegt unverrückt am selben Platz;
Es mahlt und mahlt und dreht ganz leis,
Beständig, ruhig, ohne Hatz,
So wie ein Mühlrad sich im Kreis.

Nur wenig kommt heraus dabei;
Selbst das ist aber allerhand,
Gemessen an dem Einerlei
Um sich, mit so viel Unverstand.

Die „Frankfurter Allgemeine Zeitung" und „Die Welt" haben die Veröffentlichung der Anzeige abgelehnt

Gute Nacht !

Treu gedient hab ich genug,
Kämpfte gegen Lug und Trug,
Für die Freiheit, Recht und Ehr,
Wer im Land, frag ich, tat mehr ?

Die Belohnung war ein Tritt,
Übel spielte man mir mit,
So komm ich zur letzten Tat,
Schäm mich für den deutschen Staat.

Dies erklärt, weshalb ich schuf,
Den „Gelöbnis-Widerruf";
Den die Presse nicht zerpflückt,
Doch stattdessen unterdrückt.

So etwas wird hier im Land
Pressefreiheit auch genannt;
Ja, man hat es weit gebracht
Schlaft nur weiter, gute Nacht !

Rufer in der Wüste

Beliebt hab ich mich nicht gemacht,
Indem die Ratsherrn ich bedacht',
Mit Widerruf und Buchpräsenten,
Doch das ist nichts für lahme Enten;

So gab es auch, wie vorher schon,
Von Ihnen keine Reaktion;
Sie dachten wohl, laß den nur schreiben,
Ein Rufer in der Wüste bleiben.

Die „Deutsche Krankheit"

Freiheit und das Recht im Sinn,
Schrieb ich der Frau Kanzlerin:
Mir scheint, sie würd sich ausbreiten,
Deshalb warne ich beizeiten

Vor dem Übel, sehr bekannt,
„Deutsche Krankheit" auch genannt.
Zeigt sich, wenn in deutschen Landen
Das Gedächtnis kommt abhanden,

Bei dem Bürger, der nicht wußt',
Was er wirklich wissen mußt'.
Dieses Buch mög Sie begleiten,
Ihr Bewusstsein dafür weiten,

Daß das Grundgesetz schon jetzt
Immer wieder wird verletzt,
Und verhindern, dass das Wissen,
Sie als Kanzlerin auch missen.

Widerstand den Affenärschen

Wenn in Deutschland ich verbleibe,
Ab und zu noch etwas schreibe,
Heißt das nicht, ich gäb klein bei,
Hier im Staat der Tyrannei.

Ich laß mich von Affenärschen,
Wie auch immer, nicht beherrschen;
Biete ihnen Widerstand,
Wie ich einst gelobt dem Land.

Schandurteile mag man sprechen,
Daran werd ich nicht zerbrechen,
Steh beharrlich meinen Mann,
Solang ich noch atmen kann.

Provokant

Werd ein wenig provokant !
Das kommt manchem ungelegen,
Leuchtet ein her vom Verstand,
Damit kannst Du was bewegen.

Schien mir als ein guter Rat,
Sollt' zumindest man versuchen;
Ich setzt' um ihn in die Tat,
Das Ergebnis: Pustekuchen.

Noch hat niemand aufbegehrt,
Vielleicht ist doch zu viel dran,
So daß der, der sich beschwert,
Auf die Nase fallen kann.

Rechtsstaat aus dem Lot

Nein, das ist nicht mein Geschmack
Ich steck niemand in den Sack,
Um dann darauf einzuschlagen,
So was will mir nicht behagen.

Wenn der Oskar dies gezielt
Für den Bundestag empfiehlt, *
Sollte man Verständnis zeigen
Für die Art, die mir zu eigen.

Der Rechtsstaat, er kam aus dem Lot,
Protest ist deshalb das Gebot;
Zeit wird es, daß die Leitfiguren
Im Lande endlich wieder spuren.

Ein wenig Spott scheint angebracht,
Weil der sie vielleicht munter macht;
Humorvoll über sie zu witzeln,
Bezweckt, sie aus dem Schlaf zu kitzeln.

Und wenn der Bürger das versteht,
Ist es, hoff ich, noch nicht zu spät,
Um Unrecht, Willkür zu bezwingen,
Den Staat erneut ins Lot zu bringen.

*Sh.: „Mir reicht's ! – Deutschland ade"S.135
„Oskar steckt alle in den Sack"

Bürger wacht auf !

Verantwortung hab ich getragen
Schon früh, in allen Lebenslagen;
Im deutschen Staat mich eingesetzt,
Für Recht und Freiheit bis zuletzt.

Doch damit laß ich's nun bewenden,
Warum noch weiter Zeit verschwenden;
Was dringend zur Kritik hier stand,
Gab ich auch öffentlich bekannt.

Und konnt ich damit nichts bewegen,
An mir hat's sicher nicht gelegen,
Wenn, wie das Wasser tief im Sand,
Versickert die Moral im Land.

Sobald die Bürger zu fest schlafen,
Dann folgen daraufhin die Strafen;
Das ist in unsrer Welt der Lauf;
Mein letztes Wort: „Bürger wacht auf!".

Die Ablenkung

Ich mache dies, ich mache das;
Ich mache ständig irgendwas,
Um damit abzulenken,
Vom grüblerischen Denken.

Das ohnehin nicht weiterführt,
An alten Wunden wieder rührt,
Zieht quälend seine Kreise
In immer gleicher Weise.

Was Besseres fällt mir nicht ein,
Als davon abgelenkt zu sein;
Könnt ich doch auch mein Denken
In neue Bahnen lenken.

Alles in einem

Was heute war, ist schon vergangen,
Was jetzt ist, das ist gleich vorbei;
Schwer, eine Antwort zu erlangen,
Was da die Gegenwart wohl sei.

Ein Augenblick, ein Atemzug,
Nicht mehr, zwischen Vergangenheit
Und dem was kommt, vielleicht ein Trug,
Nichts als ein Grenzgespinst der Zeit.

Vergangenheit ist Gegenwart,
Sie muß nur gegenwärtig sein;
Die Zukunft ist von gleicher Art,
Dringt sie in das Bewusstsein ein.

Die Uhr

Die Zeit vergeht,
Es tickt die Uhr,
Die vor mir steht,
Ganz leise nur.

Ein Zeiger dreht
Im Takt sich mit;
Es ist schon spät,
Doch er hält Schritt.

Bei Tag und Nacht
Steht sie bereit,
Und überwacht
Den Gang der Zeit.

Keine Zeit zum Lesen

Damals, als sie sich vermählten,
Schrieb ich ihnen im Gedicht,*
Daß der Weg, den sie erwählten,
Brächte in ihr Leben Licht.

So ist es wohl auch gewesen,
Denn sie hielten sich die Treu';
Sollten nun Gedichte lesen,
Von mir, dacht', daß sie das freu'.

Sind in Rente schon seit Jahren,
Waren aber nicht bereit;
Leider, musste ich erfahren,
Fehlt zum Lesen jetzt die Zeit.

Glückwunsch, möcht' ich noch mal sagen,
Dankt es Eurem Gnadenstern,
Dürft ihr noch der Zeit nachjagen,
Wo das Ende ist nicht fern.

*Sh.: „Licht der Einsamkeit" in
„Daß Liebe unser Leben durchdringt…"

Ein Reim drauf

Habe ich etwas zu sagen,
Trag' ich es mir selber vor;
Warum ? Nun, wenn Sie mich fragen,
So ist einer doch ganz Ohr.

Will es wichtig mir erscheinen,
Mach ich einen Reim darauf;
Vielleicht interessiert der keinen,
Doch das nehm ich gern in Kauf.

Schließlich soll mich das nicht stören,
Wenn es richtig ist, daß man,
Oft bekam ich es zu hören,
Die Welt nicht verbessern kann.

Alle Schuld rächt sich auf Erden

Wenn alle Schuld sich rächt auf Erden,*
Wie soll der Mensch da glücklich werden?
Es ist wohl keiner ohne Schuld,
Und er, der Teufel, hat Geduld.

Er reißt sie auf, die alten Wunden,
Macht dafür gerne Überstunden,
Denn seine Freude ist nun mal,
Seit es ihn gibt, der Menschen Qual.

*Sh.: Goethe „Harfenspieler" (Wer nie sein Brot)

An die Schande

Schande, welch ein Teufelsfunken
Zündete im Elysee;
Daraufhin hat es gestunken,
Von der Alster bis zur Spree.

Der Verleumdung unterzogen,
Wurde im Hotel ein Gast;
Für den Hausherrn dann gelogen,
Wie es ihm am besten paßt.

Seid umschlungen Millionen,
Gilt für ihn als Mann von Welt;
Heil' gen Geist läßt er sich klonen,
Die Moral wird kaltgestellt.

Frei nach Friedrich Schiller's:
„An die Freude"

Der Kalbsbraten

Warum, wozu, weshalb,
Sprach zu der Kuh das Kalb,
Hast Du mich erst geboren,
Jetzt machst Du lange Ohren,

Wenn Menschen danach trachten,
Mich schon so jung zu schlachten;
Um mich danach zu braten,
Ich bin doch wohlgeraten.

Der Kuh begann's zu dämmern,
Gleich so erging's den Lämmern;
Sie nahm ihr Kalb, ist ausgerissen;
Man fand sie nicht, soweit wir wissen.

Im Reich der Toten

In der Toten Geistesreich
Sind auch nicht alle Geister gleich;
Ein Geist, der hier behindert,
Ist es dort unvermindert.

Ganz anders als auf Erden
Kann es drum auch nicht werden;
Wo ein vermeintlich größrer Geist
Dem anderen die Richtung weist.

Der Schönschreiber

Er war nicht blind und sah den Dreck,
Hat sich erst aufgerieben;
Als dies erfüllte nicht den Zweck,
Hat er ihn schön geschrieben.

Und sieh, gebrochen war der Bann,
Er wurd ein anerkannter Mann;
Es stellte der Erfolg sich ein,
Die Welt, sie will betrogen sein.

Wie Goethe

Wie Goethe, so kann ich nicht schreiben;
Und könnt' ich's, sollt es unterbleiben,
Weil ich, schrieb ich wie Goethe,
Damit nichts Neues böte.

Der Meister hat, nicht übertrieben,
Nun wahrlich auch genug geschrieben;
Doch eine meiner Sorgen ist,
Daß man sein großes Werk vergißt,

Weil hier bei uns das Zeitungswesen
Verhindert, Besseres zu lesen;
Dafür bleibt einfach keine Zeit,
Wenn sich das Schmierblatt macht zu breit.

Könnt' Goethe diesen Zustand sehen,
Er würde sich im Grab umdrehen;
Ich wünsch' mir, vergeßt Goethe nicht,
Und lest von ihm mal ein Gedicht.

Verdammt ich lebe noch

„Verdammt, ich lebe noch!“,
Die Worte von dem Koch,
Als heute morgen er nun doch
Mal wieder aus dem Bette kroch.

Wie er sich dann besann,
Dacht er bei sich, so kann
Ich noch ein paar Rezepte geben
Für Anstand, Würde hier im Leben.

Es gibt den Lügenbrei
Der werten Polizei;
Mit Wahrheit sollt man ihn auffrischen,
Um ihn genießbar aufzutischen.

Schön wäre auch ein Leibgericht,
Denn das gibt es wahrhaftig nicht;
Um hier zu landen einen Treffer,
Bedürfte es noch weit mehr Pfeffer,

Damit im Land die Rechtsstrategen
Nicht kochen mit verdorbnem Bregen,
Und endlich einmal ein Gericht
Dem Grundgesetzlichen entspricht.

Zwar habe ich, nicht übertrieben,
Ein großes Kochbuch schon geschrieben;
Darf aber trotzdem noch nicht ruhn,
Es gibt noch immer viel zu tun.

Schiefohr'n mit den hohlen Köpfen

Was solln Schiefohr'n mit Gedichten?
Man müsst erst die Ohren richten,
Damit sie dort Zugang finden;
Doch sie werden dann verschwinden,

Im Gehörgang unverstanden,
Wenn sie nun im Hohlkopf landen;
Resümee: Mit den Gedichten
Ist da gar nichts auszurichten.

Abwrackprämie für Rentner

Damit Rentner früher sterben,
Zieh man in Betracht die Erben,
Die der Rentner, beißt er an,
Großzügig bedenken kann;

Mit dem, was wir alle kennen,
Nämlich Abwrackprämie nennen;
Wobei zu gewähren ist,
Eine halbe Jahresfrist.

Wie er's macht, ist seine Sache,
Hängen kann er unterm Dache,
Oder er flößt sich was ein,
Aber wirksam muß es sein.

So kann, in den letzten Stunden,
Seine Treue er bekunden,
Zu dem guten Vater Staat,
Der sich sonst weiß keinen Rat.

Muß mit leeren Rentenkassen
Endlich sich nicht mehr befassen;
Wird dann auch nicht mehr geschmäht,
Wenn es wieder aufwärts geht.

Was die jungen von den alten
Menschen hat so tief gespalten,
Ist endgültig aus der Welt,
Friede wieder hergestellt.

Lieber Amok-Läufer

Lieber, lieber Amok-Läufer,
Schrieb Herr Wagner jetzt in „BILD"; *
Was sagt da der Zeitungskäufer,
Denkt der wohl genauso mild?

Kinder mit der Axt erschlagen,
Weil man haßte, war nicht froh,
Um die Blutspur weit zu tragen,
Cocktails noch von Molotow.

Hätt er doch mit seinen Hieben
Wagner auch am Kopf getroffen;
Würd der ihn dann wirklich lieben?
Diese Frage bleibt noch offen.

*BILD-Zeitung vom 23.9.2009

Zum Unmöglichen

Mein Mögliches hab ich gegeben,
Unmögliches war auch dabei,
Denn alles ist nun mal im Leben
Nicht nur das Gelbe von dem Ei.

Das Gegenteil stimmt da wohl eher;
So dacht ich, was unmöglich sei,
Brächt mich den Menschen etwas näher,
Aus diesem Grund war ich so frei.

Zerbrochenes Recht

Grausam wurd sie umgebracht,
Eine Mutter von drei Kindern;
So der Weg sich freigemacht,
Um die Kasse auszuplündern.

Eine Spur, besonders heiß,
Sollte aufklärn das Verbrechen;
Wegen Mangels an Beweis,
War der Täter freizusprechen.

Jetzt stellt sich heraus ganz klar,
Die Beweise sind gefunden,
Daß er doch der Mörder war,
Die Justiz fühlt sich gebunden,

Daran, daß sie diesen Mann,
Da ein Urteil schon gesprochen,
Nicht mehr vor Gericht stelln kann,
Sonst würd mit dem Recht gebrochen.

Wie verrottet ist die Welt,
Läßt dies Scheusal einfach laufen,
Die so was für rechtens hält;
Man könnt sich die Haare raufen !

Die kleine Madeleine

Ein kleines Mädchen, den Eltern entrissen,
Wo bleibt der Aufschrei, das Weltgewissen?
Das Leid der Eltern nicht zu ermessen,
Die kleine Madeleine schon vergessen?

Wir müssen sie suchen, was trennt, überwinden,
Überall auf der Welt bis wir sie finden;
Die Eltern sie in die Arme schließen
Und Tränen der Freude endlich fließen.

Verschiedenes in Kurzfassung

Der Sinn des Lebens

Es kann den Sinn für's Leben,
Nur jeder selbst sich geben;
Ein sinnerfülltes Leben
Erwächst, wenn das Bestreben
Im Leben seine Früchte trägt,
Bevor man sich zu Grabe legt.

Meine Freude

Deine Freude war auch meine,
Ohne Dich empfind ich keine;
Wie ich's drehe, wie ich's wende,
Freudlos streb ich hin zum Ende.

Wenn der Tod uns scheidet

Was, wenn der Tod uns scheidet?
Nun, wer zurückbleibt leidet;
Der andere hat es nicht schwer,
Er geht dahin und fühlt nichts mehr.

Was ich tue

Du willst wissen, was ich tue;
Nun, ich suche meine Ruhe;
Doch die Hoffnung ist am Schwinden,
Daß ich sie werd jemals finden.

Wozu ?

Du fragst warum, Du fragst wozu
Soll ich noch weiterstreben;
Die Antwort darauf kannst nur Du,
Nur Du Dir selber geben.

Wenn Geld stinkt

Daß Geld nicht stinkt,
Stimmt nur bedingt;
Nur was man ehrlich hat erworben,
Stinkt nicht, denn es ist unverdorben.

Zum Vergleich

Der Dümmste lässt sich wohl vergleichen
Mit einem klugen Mann;
Er kann ihm nicht das Wasser reichen,
Ist das Ergebnis dann.

Auf die Spitze treiben

Will man sich Gehör verschaffen,
Muß man, damit sie es raffen,
Ab und zu schon mal das Schreiben,
Richtig auf die Spitze treiben.

Der Widerspruch

Gut gemeint war wohl der Rat,
Ein Reinfall dann das Resultat;
So wurde man, ganz im Vertraun,
Ehrlich über's Ohr gehaun.

Widmung für eine Richterin

Vielleicht ist Hopfen und Malz schon verloren,
Es sei denn, das Schmalz verstopft nur die Ohren;
Zumindest sollte man dann aber lesen,
Das ist für manch einen hilfreich gewesen.

Der brilliante Mensch

Ja, der Mensch, er ist brilliant,
Einzigartig sein Verstand;
Wer sonst hat WC's mit Brillen,
Und das Ding an sich, den Willen,
Dazu noch Verhütungspillen?

„Untergang der Lügenbrut!"

Untergang der Lügenbrut !
Schiller's Worte, sie tun gut;
Denn sie brütet und vermehrt
Unrecht, wenn sich keiner wehrt;
Wütet, drum seid auf der Hut,
Untergang der Lügenbrut !

Trübe Tassen

Trübe Tassen
Gibt's in Massen;
Was da aus dem Rahmen fällt,
Hegt Verdacht in ihrer Welt.

Das Handwerk legen

Mit der Unwahrheit im Bunde
Richten sie das Recht zugrunde;
Ich denk, solchen Rechtsstrategen
Sollte man das Handwerk legen.

Das Hirn

Das bisschen Hirn,
Hinter der Stirn;
Ist es nicht fabelhaft,
Was es so alles schafft?
Oft aber leider nicht zum Guten,
Dafür muß dann die Menschheit bluten.

Der Instinkt

Es wird gesagt, daß mit Instinkt,
Man es im Leben weiter bringt;
Er lässt uns fühln, im Innern tief,
Ob etwas gut geht oder schief.

Die Meise

Immer weiter geht die Reise,
Dreh beständig mich im Kreise;
Äußer mich auf meine Weise,
Schon heißt es, der hat 'ne Meise.

Herr Krumm

Als er jung war, der Herr Krumm,
Hieß es, er ist klug, nicht dumm;
Jetzt im Alter wird er krümmer,
Hirnschwach, und dadurch auch dümmer.

Des Lebens Lauf

Einmal rauf und einmal runter;
Geht es rauf, dann wird man munter,
Runter, hört der Spaß schnell auf;
So ist er, des Lebens Lauf.

Verlassen

Für sich ist der am besten dran,
Der sich auf sich verlassen kann;
Doch einsam wird man und verlassen,
Fällt es zu schwer sich anzupassen.

Ein Klitsch-K.O.

Vom schweren Schlag am Kopf getroffen,
Da kann der Boxer nur noch hoffen,
Daß sein Gehirn das übersteht
Und nicht endgültig baden geht;
Sonst macht es klitsch, er geht K.O.,
Wird dann im Leben nie mehr froh.

Der Freßsack

Den Freßsack, ihn erkennt man gleich
Am Bauch, im vorderen Bereich;
Im hinteren ist es derweil
Ein viel zu fettes Hinterteil.

Kürze und Würze

In der Kürze liegt die Würze;
Mag beim Kurzen richtig sein,
Jedoch nicht beim Glase Wein;
Wenn ich das hinunter stürze,
Stellt sich der Genuß nicht ein.

Däumchendrehen

Wer nicht arbeiten will, der soll auch nicht essen,*
Der Bibelspruch scheint längst vergessen;
Dagegen ist es sehr bequem,
Für manchen durchaus angenehm,
Bei gleichzeitigem Däumchendrehen,
Den Arbeitenden zuzusehen,
Um dann, so ist es angemessen,
Auf deren Kosten mitzuessen.

*Der zweite Brief des Paulus an die
Thessalonicher, Kap. 3, 10

Glauben und wissen

Wie soll man glauben,
Was man nicht weiß,
Wenn man nicht glauben kann,
Was man weiß.

Du würdest mich verstehen

Ja, Du würdest mich verstehen,
Sagen mir so manche Zeichen,
Hab Dich nicht bewusst gesehen,
Mutter, die mich jetzt erreichen.

Bücher, die Du hast gelesen,
Anmerkungen bei Gedichten,
Offenbaren mir Dein Wesen,
Früh musst ich auf Dich verzichten.

Hat der Tod Dich mitgenommen,
Hab Dich nicht bewusst gesehen,
Qualvoll bist Du umgekommen,
Ja, Du würdest mich verstehen.

Erlösungswürdig

Der Erlösung würdig sein,
War mein Lebensziel,
In der Tat, tagaus, tagein,
Kein Gedankenspiel.

Bin ich dem gerecht geworden?
Kann nicht sicher sein,
Zählt weit mehr als jeder Orden,
Den trägt manch ein Schwein.

Des Menschen Werdegang

Zuerst scheint der Werdegang
Durch das Leben endlos lang;
Man wird stärker, man wird reifer
Und gestaltet voller Eifer.

Jenseits von der Mitte dann,
Fängt die Zeit zu laufen an;
Plötzlich ist sie nicht zu halten,
Man bemerkt die ersten Falten.

Bei dem letzten Stück, zum Schluß,
Ist es aus mit dem Genuß,
Wenn die Menschen, hier auf Erden,
Zur Zerfallserscheinung werden.

Aus dem Leim gehen

So ist es mit dem Älterwerden,
Da nehmen zu auch die Beschwerden;
Wenn erst mal die Gelenke knacken,
Dann folgen schnell noch weitere Macken.

Die Sehkraft schwach, die Hand, sie brennt,
Das glaubt mir keiner, der mich kennt;
Man denkt bei sich, das alte Haus,
Sieht doch noch ziemlich rüstig aus.

Die Arme, Beine, sie tun weh,
Es scheint, daß aus dem Leim ich geh;
Doch klagen bringt uns auch nicht weiter;
So gibt man sich am besten heiter.

Kalte Füße kriegen

Daß wir uns nur recht verstehen,
Mag ich aus dem Leim auch gehen,
Noch steh ich auf beiden Füßen,
Werd das Leben Euch versüßen;

Hier für Recht und Freiheit kämpfen,
Richtern ihren Hochmut dämpfen;
Gleiches gilt für Polizisten,
Bis sie ihren Stall ausmisten.

Soll ich kalte Füße kriegen,
Muß ich auf der Bahre liegen;
Werdet ehrlich und gescheiter,
Sokrates lebt dann noch weiter !

Lachen

Leider hab ich nichts zu Lachen,
Lachen ist gesund,
Würd den Menschen fröhlich machen,
Sagt des Volkes Mund.

Freude sollte es entfachen;
Ich hätt allen Grund,
Mich endgültig totzulachen;
Das ist mein Befund.

Besitz wird Last

Was Du nicht brauchst, wird zur Last,
Um so mehr Du davon hast;
Weißt beim letzten Wegesstück
Alles das, es bleibt zurück.

Einst hast Du Dich dran erfreut,
Keine Mühe drum gescheut,
Bis ein weitres Teil wurd dein,
Sollte es für immer sein.

Deutlich wird die Illusion
Angesichts der Endstation;
Schmerzlich sich vor Augen stellt,
Wie dies alles bald zerfällt.

Der arme Mensch

Ein Körper mit zwei Beinen,
Zwei Armen, Hals und Kopf;
Perfekt, wie viele meinen,
Der Mensch, ein armer Tropf.

Denn hinter seiner Stirne,
Bei manchen immerhin,
Da sitzt ein denkend Hirne,
Sucht nach des Lebens Sinn.

Es sucht und sucht und findet nicht,
Oft nimmt man dann ein Bein noch ab,
Dem Mensch, zum Schluß, nach all der Pflicht
Endet er nun im dunklen Grab.

Vor dem Ende

Was hält sie für uns bereit,
Die uns noch verbliebne Zeit,
Wenn das Ende kommt in Sicht,
Klein wurd unser Lebenslicht?

Das Empfinden ist fürwahr
So, als ging's zum Hochaltar;*
Wie bei einem Delinquent,
Für den Menschen, der tief denkt.

Doch das Ende hält bereit
Abschied von der Nichtigkeit;
Von dem Leid der Erdenzeit,
Bis in alle Ewigkeit.

*Sh.: Schopenhauer „Vom Unterschiede
der Lebensalter" in:
Aphorismen der Lebensweisheit

Wie lange?

Höchstens sechzig, dachte ich,
Will ich einmal werden,
Doch der Mut ließ mich im Stich,
Weile noch auf Erden.

Geh nun auf die siebzig zu,
Find das gar nicht heiter,
Sehn mich nach der ewgen Ruh',
Mache trotzdem weiter.

Dies und das steht vor dem Aus,
Hält mich bei der Stange;
Red mich damit vielleicht raus,
Frag mich nur, wie lange?

Die letzte Phase

Die letzte Phase tritt in Kraft,
Und die ist meist nicht schmeichelhaft;
Viel blieb nicht mehr vom Lebenssaft,
Von alledem, was Freude schafft.

Das Leben wird schnell zur Tortur,
Mit Schmerzgefühl rund um die Uhr;
Es fehlt nur noch, daß die Natur
Stellt endlich ein die Luftzufuhr.

Es fallen dann die Augen zu,
Die liebe Seele, sie hat Ruh';
Die Zeit läuft weiter und im Nu
Bist endgültig vergessen Du.

Um die Ecke bringen

Lang genug bin ich den langen,
Geraden Lebensweg gegangen;
Hab erreicht im Wechselspiele
Eins ums andre meiner Ziele.

Jetzt im Alter geht es weiter,
Mit der Trübsal als Begleiter;
Was mich liebevoll umfangen,
Ist mir längst vorausgegangen.

Was blieb, sind Gedankenspiele,
Und das letzte meiner Ziele:
Es muß mir nur noch gelingen,
Um die Ecke mich zu bringen.

Vor die Hunde

Der Boden wankt, auf dem es steht,
Trotzdem hab ich gepflanzt, gesät;
Doch tief im Herzen fühlt' ich spät,
Wie alles vor die Hunde geht.

Ich mußte Dich erst sterben sehn,
Dein qualvolles Zugrundegehn,
Um zu erkennen, zu verstehn,
Daß sinnlos wir im Kreis uns drehn.

Einerseits und andrerseits

Einerseits und andrerseits;
Einerseits lockt mich die Schweiz,
Denn dort wär ich endlich frei,
Fern von deutscher Polizei;

Die mich hier, ganz ungeniert,
Schikaniert und drangsaliert.
Fern von der Gerichtsbarkeit,
Deren Tun zum Himmel schreit;

Die in alter Tradition
Spricht dem Rechtsempfinden Hohn.
Andrerseits wär ich weit fort,
Fort von dem vertrauten Ort,

Wo mein Leben ich verbracht'
Mit der Liebsten, Tag und Nacht,
Bis der Tod sie mit sich nahm,
Und sie nicht mehr wiederkam.

In Gedanken lebt sie hier
Nun besonders nah bei mir;
So entschied ich mich bereits,
Ihr zulieb, nicht für die Schweiz.

Anfang vom Ende

Der Anfang vom Ende,
Er liegt hinter mir;
Es gibt keine Wende,
Mein Weg führt zu Dir.

Wo ich derzeit stehe,
Genau weiß ich's nicht;
Ich weiß nur, ich sehe
Am Ende das Licht.

Wenn ich Dich dort finde,
Das leuchtet wohl ein,
Wird damit das Ende
Ein Neuanfang sein.

Ihr Hänschen

Ein kleiner Vogel, so süß und so zart,
Vom Lufthauch getragen, welch liebliche Fahrt;
Sie hat Dich liebevoll Hänschen genannt
Und rief Dich, dann flogst Du zu ihr auf die Hand.

Die zwei, es gibt sie schon lange nicht mehr,
Ich denke an sie, und das Herz wird mir schwer;
Das Bild von Euch beiden, ich trag es in mir,
Seh Euch jetzt so deutlich als wäret Ihr hier.

Nicht mehr weit

Ich geh zurück, es ist nicht weit,
In der gewohnten Traurigkeit;
Die ersten Flocken, ja, es schneit,
Und fühle, daß ihr bei mir seid.

Die Toten gingen heute mit,
War'n mir so nah bei jedem Schritt;
Es geht voran, ist nicht mehr weit,
Bis an das Ende meiner Zeit.

Jetzt, wo ich unser Haus schon seh,
Liegt hier bereits ein wenig Schnee;
Ich hab's erreicht und geh hinein,
Werd gleich bei meiner Liebsten sein.

Bei ihrem Bild, aus dem vertraut,
Sie immer lächelnd zu mir schaut;
Mein Trost, es ist nicht mehr so weit,
Dann bin ich bei ihr allezeit.

Zur Ruhe

Was ich mache, was ich tue,
Nichts kommt dabei raus;
Suche nur noch meine Ruhe,
Brauch nicht den Applaus.

Werd wohl erst zur Ruhe kommen,
Wenn ich folge ihr;
Sie hat mir der Tod genommen,
War das Liebste mir.

Auf Wiedersehn

‚Auf Wiedersehn muß ich Dir sagen,
Ein herrlicher Traum geht vorbei;
Du kennst ihn und brauchst nicht zu fragen,
Denn träumen taten wir zwei.

Wir träumen wohl weiter, doch allein,
Und sind uns dabei so sehr nah,
Im Traum, der, es kann nicht anders sein,
In Wirklichkeit bald schon ist da.

Vergiß mich nicht !
Carolina

Vergiß mich nicht!

Bevor ins Ausland ich gefahren,
Damals in meinen Jugendjahren,,
Schriebst Du mir unter ein Gedicht
Drei Worte nur : "Vergiß mich nicht!"

Die Worte hatt' ich unterdessen,
Wie meine Verse, längst vergessen,
Bis ich den Zettel heute fand,
Auf dem Dein Wunsch geschrieben stand.

Doch dies kann keinesfalls besagen,
Daß nun ein Grund beständ zu klagen,
Denn es gab weder Tag noch Nacht,
Wo ich an Dich hab nicht gedacht.

Ich vergeß Dich nie

Nun geh ich wieder unsre Runde,
Denk nur an Dich, die ganze Stunde;
Würd Dir, auch heute im Gedenken,
So gerne ein paar Verse schenken;

Mit lieben Worten, die ich dann,
Komm ich nach Haus, Dir sagen kann;
Du lebst in meiner Phantasie,
Mein Liebling, ich vergeß Dich nie.

In Montreal

Damals, Schatz, in Montreal
Wurd die Zeit für mich zur Qual;
Fast ein Jahr musste vergehn
Bis zu unsrem Wiedersehn.

Jedem Flugzeug schaute ich
Nach und dacht' dabei an Dich;
Hätt es mich doch mitgenommen,
Schnell würd ich dann zu Dir kommen.

Heute wär ich gern noch mal,
So wie einst, in Montreal,
In der Hoffnung, daß ich dann,
Dich bald wiedersehen kann.

Es wurde still

Die Blumen verschwunden, die Vögel fort,
Das Haus ohne Dich ein trauriger Ort;
Mit Dir kam auch die Sonne herein,
Jetzt ist es dunkel, denn ich blieb allein.

Die Blumen, Du hast Dich an ihnen erfreut,
Gehegt sie, keine Mühe gescheut;
Die Vögel kamen und zwitscherten laut,
Sie haben nach Dir und dem Futter geschaut.

Das war für mich Leben, war ein Idyll,
Vorbei für immer, es wurde still;
Ein zauberhaftes, ein reges Treiben,
Vorbei, doch die Erinn`rung wird bleiben.

Als ob es heute wär

Hier stapften wir durch Eis und Schnee,
Wie lange ist es her;
Ein Bild, das ich so deutlich seh,
Als ob es heute wär.

Trotz strenger Kälte frohgemut,
Ging's vorwärts Arm in Arm;
Fesch sahst Du aus mit Deinem Hut,
Dein Pelz, er hielt Dich warm.

Dann mußten wir den Hang hinauf,
Die Wangen wurden rot;
Nichts hält mehr meiner Tränen Lauf,
Die Liebste, sie ist tot.

Alles für Dich

Liebling, meine ganze Habe,
Gäb ich freudig Dir,
Kämst zurück Du aus dem Grabe,
Noch einmal zu mir.

Könntest alles dann erwerben,
Was Dein Herz begehrt;
Dir würd, bis wir beide sterben,
Kein Wunsch mehr verwehrt.

Gilt erst recht für meine Liebe,
Die unvergänglich ist,
Weil Du, auch wenn ein Traum dies bliebe,
Mir immer gegenwärtig bist.

Bis ans Ende

Immer weiter, immer weiter,
Läuft die Zeit, mein Schatz;
Hast im Herzen, als Begleiter,
Deinen festen Platz.

Bis ans Ende meiner Tage
Wirst Du dort beweint;
Findet Ruh' erst meine Klage,
Wenn der Tod uns eint.

Ein Wunsch frei

Hätte ich einen Wunsch frei noch im Leben,
Bei einer güt'gen Himmelsmacht,
Gern würde ich ihn ihr preisgeben,
Trag ihn im Herzen wohlbedacht:

Die Liebste fest in meine Arme schließen,
In ihre schönen Augen sehn;
Ein letztes Mal, daß meine Tränen fließen,
Dann möcht ich gern zugrunde gehn.

Eins mit Dir

Zwei Tage war er noch bei mir,
Dein Leichnam in der Wohnung hier;
Ich wollt es einfach nicht verstehn,
Daß ich Dich sollt nie wieder sehn.

Ich hab an Deinem Bett gewacht
Bis ich fest einschlief, in der Nacht,
Danach Dich wieder angeschaut,
Der Anblick war nicht mehr vertraut.

Dein Körper, ja, er lag noch dort,
Doch Deine Seele war längst fort;
Jetzt habe ich Dein Bild vor mir,
Du lächelst, ich bin eins mit Dir.

Ich seh Dich

Am Fenster, Liebste, stehst Du nicht,
Um mir den Abschiedsgruß zu geben,
Und trotzdem seh ich Dein Gesicht,
Wie damals, im vergangnen Leben.

Ich wink Dir zu, Du schaust mich an,
Der Augenblick wird gleich vergehen;
Mir ist , Du hältst mich fest im Bann,
Als würde ich Dich lächeln sehen.

Dies wiederholt sich jeden Tag,
Inzwischen nun schon über Jahre,
Seitdem ich Deinen Tod beklag,
Wenn fort ich von Zuhause fahre.

Unheilbare Wunden

Die Stunden, Tage eilen,
Doch, daß die Wunden heilen,
Davon hab ich seit Jahren,
Mein Liebling, nichts erfahren.

So streb ich Dir entgegen,
Auf allen meinen Wegen;
Hab Trost darin gefunden,
Doch schließen sich die Wunden

Erst, wenn ich auch vergehe,
Ein letztes Mal Dich sehe,
Dich liebevoll umfasse,
Und nie mehr von Dir lasse.

Für sie

Es ist mein Ziel gewesen,
Daß Menschen von ihr lesen;
Sie drauf mit ihrem Herzen sehn,
Dort sollt sie wieder auferstehn.

Würd Freude mir bereiten,
Könnt ich dies spürn beizeiten;
Soweit das Ziel, weshalb ich schrieb,
Auch, wenn es dann ein Wunsch nur blieb;

Erfüllt wurd mein Bestreben,
Ihr alles das zu geben,
Was von mir jetzt noch übrig blieb,
Daß ich sie über alles lieb.

Nur drei Worte

Ich schrieb und schrieb; was davon blieb?
Im Grunde nur, dass ich Dich lieb.
Man kann auch sagen, unterm Strich,
Drei Worte nur: Ich liebe Dich!

Erlebnisse im Hotel mit König Alfred und seinem Hanswurst unter Berücksichtigung der Zensur durch das Landgericht Hamburg. Der Kampf eines Bürgers gegen ein Unternehmen mit faschistoiden Verhaltensweisen. Band I–X
Band I: ISBN 978-3-8334-7985-4

König Alfred und sein Hanswurst
Ein MALBUCH mit 66 heiteren Geschichten in Versform
ISBN: 978-3-8334-8037-9

Sokrates läßt Deutschland grüßen – damit Freiheit atmen kann
ISBN 978-3-8334-7988-5

Das große Kochbuch
Ein Menü für Juristen und verantwortungs-bewußte Staatsbürger
ISBN 978-3-8334-7987-8
Kurzfassung der Bande „Erlebnisse im Hotel I–VIII"
in acht Kapiteln auf 526 Seiten mit den kompletten Vorworten und 327 Gedichten

Mir reicht's – Deutschland ade
ISBN 978-3-8334-7986-1

Bürger wacht auf!
Zum Obrigkeitsstaat
ISBN 978-3-8370-2276-6

Daß Liebe unser Leben durchdringt ...
ISBN 978-3-8334-7977-9

Für Dich
ISBN 978-3-8334-7975-5

Nur noch für Dich – Eine Liebeserklärung, Band I–III
Band I: ISBN 978-3-8334-7976-2
Band II: ISBN 978-3-8334-8769-9
Band III: ISBN 978-3-8334-7406-4

Anfang und Ende – Gedichte für einen geliebten
Menschen
ISBN: 978-3-8334-8770-5

Für Dich – Eine Nachlese
ISBN: 978-3-8370-6224-3

Du lebst in mir.
Die Trauer eines vereinsamten Menschen
ISBN: 978-3-8391-9300-6